1905 - Mars - 13

Collection de M. A. R...

ARGENTERIE ANCIENNE

Objets d'Art et de Curiosité

DENTELLES — [illegible] — [illegible]

Tableaux — Livres

MEUBLES DU XVIIIe SIÈCLE

CATALOGUE

DE

BELLE ARGENTERIE ANCIENNE

principalement du Vieux Paris

OBJETS DE VITRINE

Boîtes, Bonbonnières, Bijoux anciens
Suite de nécessaires de dames, Miniatures, Émaux

DENTELLES — GUIPURES

Coffrets cuirs gravés et dorés au petit fer, Almanachs
Livres à belles reliures anciennes, signées et armoriées, Médailles
Plaquettes, Bas-reliefs en bronze
Curiosités militaires, Pendules, Bronzes, Porcelaines

GRAVURES EN NOIR ET EN COULEUR

Tableaux et Dessins anciens

MEUBLES DE SALON DU XVIIIe SIÈCLE

en ancienne tapisserie au point, en soierie

et bois sculpté

composant la première partie

de la Collection de M. A. R...

dont la vente aura lieu

HOTEL DROUOT — SALLE N° 1

Les Lundi 13 et Mardi 14 Mars 1905

et SALLE N° 9, les Mercredi 15 et Jeudi 16 Mars 1905

A DEUX HEURES

Me F. LAIR-DUBREUIL	**M. Arthur BLOCHE**
COMMISSAIRE-PRISEUR	EXPERT PRÈS LA COUR D'APPEL
6, Rue de Hanovre, 6	*51, Rue Saint-Georges, 51*

Chez lesquels se trouve le catalogue

EXPOSITION PUBLIQUE

Salle 1, le Dimanche 12 Mars 1905, de 2 heures à 5 heures 1/2

NOTA : Les gravures dont un catalogue spécial a été rédigé par **M. Loys DELTEIL**, seront vendues le Mercredi 15 Mars.

CONDITIONS DE LA VENTE

La vente sera faite expressément au comptant.

Les acquéreurs paieront 10 o/o en sus des prix d'adjudication.

L'exposition mettant le public à même de se rendre compte de l'état et de la nature des objets, etc compris dans ce catalogue, aucune réclamation ne sera admise une fois l'adjudication prononcée.

Paris. — Imp. C. Chaufour, 8-10, rue Milton

DÉSIGNATION

ARGENTERIE

1 — Deux flambeaux d'église en argent repoussé à feuillages et têtes de chérubins. Epoque Louis XIII.

2 — Petite cafetière en argent repoussé, décor à têtes de chérubins et oiseau au milieu de feuillages. Style Louis XIII.

3 — Petite cafetière en argent dessin à coquilles et côtes tournantes, goulot et pieds à têtes d'animaux. Style Louis XIV.

4 — Ecuelle à deux anses plates forme rocailles en argent, couvercle à dessin gravé offrant des lambrequins ornementés, poignée offrant une tête de femme. Epoque Louis XIV. Vieux Paris.

5 — Ecuelle à anses plates en argent, couvercle orné de bandes ciselées et ornementées, poignée offrant une tête de femme. Epoque Louis XIV. Vieux Paris.

6 — Boîte ronde en argent bordure à petites godrons, couvercle à feuillages gravés. Epoque Louis XIV. Vieux Paris.

7 — Deux salières en argent, de forme octogonale à filets de armoirie gravé, couvercle forme coquille. Epoque Louis XIV. Vieux Paris.

8 — Deux salières en argent de forme octogonale et à filets. Epoque Louis XIV. Vieux Paris.

9 — Deux salières en argent couvercle à cannelures. Epoque Louis XV.

10-11 — Deux grandes tasses en argent dessin à écussons et côtes tournantes. Style Louis XV.

12 — Grand plat ovale en argent uni bordure à contours ciselés de feuillages. Travail style Louis XV, d'Odiot.

13 — Plateau en argent, bordure ciselée. Style Louis XV.

14 — Saucière en argent à deux anses forme volutes, pied à feuilles de chou avec armoirie gravée. Epoque Louis XV. Vieux Paris.

15 — Huilier en argent sur plateau forme bac, bordure à filets. Epoque Louis XV, avec burettes en cristal.

16 — Huilier en argent, plateau bordure à contours et coquilles avec armoiries gravées. Epoque Louis XV. Vieux Paris

19 — Grande verseuse en argent à côtes tournantes, posant sur trois pieds. Epoque Louis XV. Vieux Paris.

18 — Huilier en argent, plateau avec bordure à contours, porte-burettes à branchages. Epoque Louis XV. Vieux Paris.

19 — Chocolatière posant sur trois pieds en argent uni, décoré de coquilles ciselées. Epoque Louis XV.

20 — Chocolatière posant sur trois pieds en argent uni, goulot à cannelures. Epoque Louis XV.

21 — Grande soupière avec double fond en argent à armoiries gravées, pieds ciselés à feuillages, poignée du couvercle forme branchage de laurier. Epoque Louis XV. Vieux Paris.

22 — Très grand plat creux en argent uni, bordure à contours et filets, orné sur le marl- d'une armoirie gravée. Epoque Louis XV. Vieux Paris.

23 — Service de table en argent uni, bordure à contours et filets, orné d'armoiries gravées, composé de huit plats ronds en deux grandeurs différentes. Epoque Louis XV. Vieux Paris.

24 — Service de table en argent uni, bordure à contours et filets avec armoiries gravées, composé de quatre plats longs, de quatre plats ronds et de deux plats creux carrés. Epoque Louis XV. Vieux Paris.

25 — Plat creux en argent de forme lobée, bordure à filets avec armoirie gravé au centre. Epoque Louis XV.

26 — Petit plat rond en argent, bordure à contours et filets, marli repoussé offrant des écussons et des rocailles. Epoque Louis XV.

27 — Huilier en argent, poignée forme colonne surmontée d'un vase, porte-burettes ajourés ornés de guirlandes. Fin Louis XVI. Vieux Paris.

28 — Sucrier en argent ajouré à feuillages, intérieur en verre bleu. XIXe siècle.

29 — Sucrier en argent à cannelures ajourée. Epoque fin Louis XVI.

30 — Huilier en argent ciselé à cariatides et têtes d'animaux ailés, offrant dans le milieu un paon. Epoque du Ier Empire.

31 — Huilier en argent ciselé à guirlandes de vigne reliées à des têtes de béliers. Epoque fin Louis XVI.

32 — Deux salières en argent forme coquille posant sur trois pieds. XVIIIe siècle.

33 — Petit vase à deux anses en argent côtelé. XVIIIe siècle.

34-35 — Deux très grandes cuillères à ragoût en argent. XVIIIe siècle.

36 — Cuillère en argent à coquille ajourée. XVIIIe siècle.

37 — Sucrier en argent à branchages. XIXe siècle.

38 — Pot à crème avec son couvercle en argent uni. XIXe siècle.

39 — Petit légumier avec son plateau et sa cuillère en vermeil. Commencement du XIXe siècle.

40 — Deux salières en argent forme urnes sur trépieds, à bustes de femmes ailées, sur gaînes. Epoque Ier Empire.

41 — Quatre petites salières ovales en argent ajouré. Epoque Ier Empire.

42-44 — Quatre salières hautes en argent à personnages agenouillés devant un autel. Premier Empire.

45 — Deux salières en argent ajouré à figures d'amours assis sur des chiens. Epoque Premier Empire.

46 — Moutardier en argent à décor de cygnes sur des branches fleuries. Epoque Ier Empire.

47 — Paire de flambeaux en argent, fuseaux unis surmontés de fleurs entre deux rangées de perles. Ier Empire.

48 — Petit vase avec couvercle en argent, pied formé par quatre dauphins, socle en bois noir. Ier Empire.

49 — Soupière ovale sur pieds en argent, bordure ciselée à petits feuillages, couvercle avec poignée forme couronne, ornée d'armoiries gravées. Epoque Ier Empire.

50 — Sucrier en argent à figures de génies ailées dansant. Epoque Ier Empire.

51 — Sucrier forme coupe à figures allégoriques aux Saisons, supportée par trois dauphins posant sur une base à galerie ornée de lyres. Epoque Ier Empire.

52 — Grande cafetière en argent uni posant sur trois pieds à griffes et feuillages, goulot à tête de lionne, poignée en ivoire. Epoque Ier Empire.

53 — Petit légumier en argent avec son plateau, ornés d'armoiries gravées, couvercle surmonté d'un groupe de colombes. Epoque Ier Empire.

54 — Bénitier en argent repoussé offrant au centre la Vierge dans un encadrement, avec fronton forme lyre entre deux cygnes. Ier Empire.

55 — Bonbonnière de forme lenticulaire en argent ciselé. Travail chinois.

56 — Boite à poudre en argent repoussé à petits personnages dans des paysages. Travail chinois.

57 — Cuvette et pot à eau en argent repoussé à fleurs.

58 — Petite coupe creuse en argent doré bordure dentelée et ciselée à feuillages enrichies de pierreries. Travail du Cambodge.

59 — Deux petites cassolettes en argent forme cœur et coquille.

60 — Tasse en argent doré décor à rinceaux. Travail russe.

61 — Dix-huit couverts à entremets en vermeil.

62 — Grand peigne en argent repoussé et doré à trophées allégoriques. Directoire.

63 — Flacon à odeur garni d'argent. Style gothique.

BIJOUX

64 — Collier devant de corsage en or ajouré formé d'une croix suspendue par des chainettes à des appliques ornementées. Fin Lonis XVI, avec son écrin.

65 — Face à main en argent doré, modèle à cornes d'abondance et cols de cygnes. Fin Louis XVI.

66 — Chaine ornée de trois cachets breloques et clef de montre en or repoussé enrichie de roses, d'émeraudes et de rubis. Epoque 1830.

67 — Collier en or à pampilles. Style Ier Empire.

68 — Trousse de dame en or de style Louis XVI composée d'une glace, d'un étui à fard, d'un peigne et d'un porte-mine.

69 — Bourse extensible en or.

70 — Cachet forme bambou en or ciselé.

71 — Broche pendentif en or avec grenat et demi perles.

72 — Chatelaine avec montre en or, parties émaillées rouge rubis, enrichies de diamants.

73 — Pendentif avec barette en or émaillé enrichis de topazes et de jargons. Fin Louis XVI.

74 — Broche en or pavée de demi-perles et de roses.

75 — Grande broche camée coquille monture en or.

76 — Grande broche camée avec tête de femme sculptée en haut relief monture en or et demi-perles.

77 — Montre en or ciselé de couleur. Epoque Louis XVI.

78 — Sautoir en or à petites rosaces.

79 — Montre en or émaillé et pierreries, de Bréguet. Epoque 1830.

80 — Bonbonnière ovale en or guilloché et ciselé de couleur à médaillons. Epoque Louis XVI.

81 — Pomme de canne en or finement ciselé cerclé de roses dessin à trophées guerriers et armoiries royales d'Espagne, dessus avec chiffres A. G. en diamants et rubis.

82 — Sautoir en filigrane d'or à torsades.

83 — Chaine de cou en or souple.

84 — Bracelet en or à chainons avec applique orné d'une pierre nicolo.

85 — Montre à double boitier en argent repoussé suspendue à une agrafe ajourée. Epoque Louis XV.

86 — Petite montre en or émaillé bleu entourage en demi-perles. Ier Empire.

87 — Chaine avec agrafe en argent.

DENTELLES

Crèpes de Chine. — Cachemires

88 — Coupe en Malines, dessin à branchages fleuris et à palmes. Long. 4m70.

89 — Coupe en vieille Malines, dessin à enroulements et branchages. Long. 1m90.

90 — Coupe en vieille Malines dessin à branchages fleuris. Long. 1m50.

91 — Coupe en vieille Malines à semis et fleurettes. Long. 3m25.

92-93 — Lot composé de trois coupes en vieille Malines et une coupe en vieux point d'Angleterre. Malines. Long. 5m70. Angleterre. Long. 2m90.

94 — Bande en vieille Malines dessin à bouquets et semis de fleurs. Long. 3m05.

95 — Volant en vieille Malines dessin à semis de fleurs, bordure à bouquets. Long. 2m30. Haut. 0m10.

96 — Volant en vieille Malines, dessin à semis de fleurs et rosaces. Long. 3m30. Haut. 0m12.

97 — Garniture de robe en ancienne broderie, dessin à palmes et corbeilles. Long. 2m95.

98 — Deux coupes 3m30 en vieux point de Binche dessin à rocailles et fleurs.

99 — Barbe et trois petites coupes en vieux point Binche, dessin à corbeilles Louis XV.

100-101 — Fond de bonnet, une barbe et une coupe de 1m55 formant la garniture du bonnet en vieux point d'Angleterre.

102 — Barbe, coupe et deux petites coupes en vieux point d'Angleterre, dessin à bouquets de fleurs et rocailles. Long. de la grande coupe 3m95. Long. des deux petites coupes 3m40.

103 — Barbe et coupe en ancien point d'Alençon, dessin à branchages fleuris. Long. de la coupe 1m70.

104 — Coupe en ancien point d'Alençon, dessin à branchages fleuris, quadrillés ajourés et papillons. Long. 1^m85. Haut. 0^m07.

105 — Deux petites coupes analogues. Long. 1^m80. Haut. 0^m05.

106 — Garniture de corsage en trois pièces en point d'Argentan, dessin à festons de branchages fleuris.

107 — Deux fonds de bonnet et deux petites coupes en point d'Argentan à médaillons et festons fleuris.

108-109 — Trois châles longs et un châle carré en cachemire de l'Inde.

110 — Châle en crêpe de Chine gris et jaune à branchages fleuris.

111-113 — Onze mouchoirs mousseline brodée garnie de Valencienne.

114 — Un mouchoir batiste garni de Valenciennes.

115 — Un mouchoir Bruges.

116-117 — Quatre mouchoirs application Angleterre.

118 — Une barbe point d'Angleterre.

119 — Un châle Chantilly.

120 — Autre châle Chantilly.

121 — Un châle carré Chantilly.

122 — Un grand châle pointu double Chantilly.

123 — Un fichu Chantilly.

124 — 9m20 en deux coupes de 4m60 chaque, volant Chantilly. Haut. 0m52.

125 — 8m90 volant Chantilly. Haut. 0m52.

126 — 8m25 volant Chantilly. Haut. 0m52.

127 — 6m80 volant Chantilly Haut. 0m52.

128-129 — 9 mètres volant Chantilly en deux coupes de 4m50 chaque. Haut. 0m45.

130 — 4 mètres volant Chantilly. Haut. 0m45

131 — 8 mètres volant Chantilly en deux coupes de 4 mètres chaque. Haut. 0m42.

132 — 4m50 volant Chantilly. Haut. 0m40.

133 — 3m80 volant Chantilly. Haut. 0m40.

134 — 3m60 volant Chantilly. Haut. 0m40.

135 — 5m35 volant Chantilly. Haut. 0m32.

136 — 4m50 volant Chantilly. Haut 0m32.

137 — 10m10 volant Chantilly. Haut. 0m30.

138 — 9 mètres volant Chantilly. Haut. 0m30.

139 — 9 mètres volant Chantilly. Haut. 0m30.

140 - 4 mètres volant Chantilly. Haut. 0m30.

141 — 8m40 volant Chantilly. Haut. 0m28.

142 — 6m90 volant Chantilly en deux coupes de 3m70 et 3m20. Haut. 0m28.

143 — 5 mètres volant Chantilly. Haut. 0m28.

144 — 4 mètres volant Chantilly. Haut. 0m28.

145 — 9^m55 volant Chantilly. Haut. 0^m25.

146 — 9^m60 volant Chantilly. Haut. 0^m18.

147 — 13^m40 volant Chantilly. Haut. 0^m08.

148 — 6^m65 volant Chantilly. Haut. 0^m08.

149 — Un grand voile Chantilly.

150 — Un autre voile Chantilly

151 — 8^m20 guipure en deux coupes ajoutées. Haut. 0^m24.

152 — 8^m90 guipure en deux coupes. Haut. 0^m21.

153 — 4^m50 guipure avec entre-deux. Haut. 0^m30.

154 — 4^m80 d'application de Bruxelles sur 0^m56.

155 — 4^m15 application d'Angleterre, dessin à cornes d'abondances fleuries. Haut. 0^m30.

156 — 3 mètres vieux point de Flandres sur 0^m25.

157 — 2^m25 guipure de Flandres, fleurs et animaux.

158 — Une grande pointe application d'Angleterre.

159 — Un grand col application de Bruxelles.

160 — Un grand carré, encadré de toile de Venise à points coupés et brodée, garniture en guipure de Venise.

161 — Un grand carré en point d'Angleterre ancien, dessin de roses.

162 — Un voile Angleterre ancienne.

163 — Une voilette Angleterre à fleurs de marguerites.

164 — Un grand bouquet de fleurs en fin point à l'aiguille appliqué sur gaze. Haut. 0m70.

165 — 5m65 Angleterre, dessin à fleurs de pensée en 3 morceaux. Haut. 0m14.

166 — Une voilette ancien point d'Angleterre, dessin bouquets fleuris.

167 — Une bande ancienne guipure de Venise arrondie au centre.

168 — 2 mètres fine guipure de Venise en deux morceaux sur 0m08.

169 — 2m45 mousseline brodée en deux morceaux.

170 — Une pointe ancien point de Flandres.

171 — 7m25 guipure de Flandres sur 0m15.

172 — 8m20 ancienne application de Bruxelles à fleurs et corne d'abondance, sur 0m28.

173 — 3m10 broderie anglaise.

174 — 1m80 point d'Alençon, dessins de roses à dents. Haut. 0m09.

175 — 1m50 vieux point d'Alençon.

176 — Un dessus de lit filet moderne, garni de guipure.

177 — Un grand dessus de lit en filets anciens, à décor d'animaux et personnages, toile brodée. Haut. 2m25. Larg. 2m05.

178 — Une robe de baptême brodée, garnie de Valenciennes.

MINIATURES — BONBONNIÈRES

Petites gouaches et Gravures

179 — Bonbonnière ronde en bois, couvercle orné d'une gouache représentant une marine.

180 — Quatre petites plaques en verre églomisé : Nymphes et amours et portrait du duc d'Angoulême.

181 — Petite gouache ronde, signée Larmier et datée 1822, représentant un paysage.

182 — Tabatière en fer finement ciselé et incrusté de cuivre, dessin à corbeille et bouquet de fleurs. Epoque Louis XVI.

183 — Tabatière en bois orné sur le couvercle d'un médaillon en nacre sculpté, représentant un personnage du Ier Empire.

184 — Bonbonnière en cristal taillé gravé, monture en argent doré.

185 — Deux petites gravures rondes: scènes allégoriques de la Révolution.

186 — Suite de neuf bonbonnières rondes en bois et poudre d'écaille ornées sur le couvercle de plaques en cuivre repoussé et doré représentant les bustes de Louis XVI, de Napoléon Ier, Charles X et Louis XVIII.

187 — Petite gravure ancienne sur soie : les joies maternelles.

188 — Suite de dix-huit petites aquarelles représentant les principaux généraux du Ier Empire.

189 — Grande miniature ovale : portrait de femme en châle marron et bonnet blanc. Signée Godar et datée 1858.

190 — Bonbonnière en écaille, couvercle offrant le buste de Voltaire.

191 — Grande boîte ronde en vernis de Brunswick : le Bain.

192 — Bonbonnière en bois, couvercle avec peinture allégorique à l'Espérance. Ier Empire.

193 — Bonbonnière ronde avec plaque en bronze: Arrivée du roi à Paris, le 6 octobre 1789.

194 — Deux bonbonnières en bois, couvercles représentant : le Verrou et un monument funéraire.

195 — Bonbonnière ovale en marqueterie de paille offrant sur le couvercle un amour frappant sur un rocher avec inscription : Avec le temps je l'aurai. Fin Louis XVI.

196 — Bonbonnière en écaille blonde, bonbonnière en ivoire, bonbonnière en verre, couvercles à jour. Ier Empire.

197-198 — Sept boîtes en poudre d'écaille et bois à décors variés.

199 — Tabatière en agate, monture en cuivre.

200 — Bonbonnière ovale et argent, dessins gravés à médaillons. Epoque Louis XVI.

201 — Bonbonnière ronde, couvercle avec gravure en couleur : Prière à l'amour.

202 — Boîte avec couvercle en marqueterie de bois offrant une armoirie.

203 — Bonbonnière en bois cerclé d'écaille, couvercle avec miniature : portrait de femme la tête levée.

204 — Bonbonnière en écaille, couvercle avec miniature : portrait d'une femme tenant un chien.

205 — Bonbonnière en racine de bois, intérieur garni d'or, couvercle avec miniature : portrait d'homme tenant une lettre.

206 — Bonbonnière en ivoire, couvercle : portrait de jeune homme, revers avec peinture églomisée.

207 — Boite ronde en marqueterie de bois à attributs francs-maçonniques.

208 — Miniature ovale : portrait d'officier du Ier Empire.

209 — Grande miniature ronde de l'Ecole italienne : Portrait de femme et de son enfant, dans une boite en racine.

210 — Médaillon rond en ivoire : tête de Napoléon Ier se détachant sur un soleil.

211 — Miniature ronde : portrait présumé d'Antoine Saint-Just, député à la Convention Nationale.

212 — Miniature ronde : portrait d'homme en redingote tenant un médaillon.

213 — Miniature ronde : Napoléon Ier, signée Nodirt.

214 — Miniature ronde : portrait de femme en costume du XVIIIe siècle.

215 — Miniature ovale : portrait de femme en costume et bonnet blancs. Signée : Peynaud.

216 — Médaillon en buis très finement sculpté représentant deux colombes allégoriques à l'amour.

217 — Miniature ronde : Portrait de femme en robe blanche, signée GUIBAL et datée 1831.

218 — Miniature ovale : Portrait d'homme en redingote bleue. Epoque Louis XVI.

219-220 — Huit miniatures : Portraits de Napoléon Ier, Louis XVIII, du Dauphin et d'autres personnages du Ier Empire.

221 — Miniature ovale : Portrait de Charles V d'Espagne.

222 — Miniature rectangulaire : Portrait d'officier enveloppé dans un manteau noir.

223-224 — Dix petites gravures rondes représentant les familles de Louis XVI, de Louis XVII et de personnages du Ier Empire.

225 — Petite peinture sur vélin : La Vierge et l'Enfant-Jésus et St-Jean.

226 — Deux petites peintures sur vélin : Naissance du Christ et Sainte Madeleine. Deux pendants, cadres en bois sculpté, XVIIIe siècle.

227 — Petite peinture ovale sur albâtre : Vase et bouquet de fleurs.

228-229 — Quatre petites gravures en couleur : Louis XVIII, Alexandre Ier de Russie, Frédéric Guillaume III de Prusse et François II d'Autriche.

230 — Petite gravure ronde : La Cueillette des raisins.

231 — Deux petites gravures coloriées sur soie : Offrandes.

232 — Petite gravure ovale en couleur : Zadig.

233 — Trois petits fixés : Paysages et personnages.

234 — Plaque ronde en argent repoussé : Napoléon Ier.

235 — Deux fixés bergers et troupeaux XVIIIe siècle.

236 — Peinture sur vélin : Offrandes à la Vierge, XVIIe siècle

237-238 — Quatre petites gravures : La Raison, la Liberté, la Nature et la Force.

239 — Neuf petites gravures : Histoire de Paul et Virginie.

240 — Deux bonbonnières en écaille blonde, couvercles sculptés à coquilles, fin Louis XVI.

241 — Bonbonnière et porte-dé en broderie de perles, dessin représentant un chasseur, Ier Empire.

OBJETS DE VITRINE

et de curiosité

242 — Nécessaire de voyage pour homme, en acajou à écussons en cuivre doré avec nombreux accessoires en nacre garni d'argent et ustensiles en argent. Epoque du Ier Empire.

243 — Petit étui en ivoire sculpté et ajouré à petits médaillons. Ier Empire.

244 — Deux petits cadres en bronze doré à figures d'enfants tenant une couronne de fleurs.

245 — Plaquette en bronze ciselé couronnement de la Vierge, XVIIe siècle.

246 — Petit cadre en verre de Venise avec réserves de soierie brochée et de verre églomisé, XVIIe siècle.

247 — Deux couvercles de boites en laque : sujets religieux encadrés.

248 — Grande plaque en bronze ciselé : Apollon entouré des Muses.

249 — Petit buste de femme en bronze dorés Ier Empire.

250 — Grande cuillère en étain avec figure. d'amours gravés, XVIIIe siècle.

251 — Vase en cuivre argenté et encensoir en bronze ajouré, XVIIe siècle.

252 — Grand cachet et pièce feuillagée en fer forgé du XVIe siècle.

253 — Deux pelotes à épingles. Ier Empire.

254 — Lot d'ex-voto en métal.

255 — Deux modèles de mortier et de canon en bronze.

256 — Petit coffret en fer.

257 — Epée de cour, poignée en argent ciselé. Epoque Louis XVI.

258 — Quatre sonnettes en cuivre et bronze émaillé.

259 — Cadre reliquaire en cuivre ajouré émaillé blanc et orné de coraux. Epoque Louis XIII.

260 — Plaquette ancienne en bronze : Combat.

261 — Petite plaquette ovale ancienne : Enlèvement.

262 — Deux petites médailles en argent : Napoléon Ier et le roi de Naples.

263 — Plaque ovale en bronze argenté : Saint-Denis.

264 — Plaque ronde encadrée en bronze argenté : Hercule terrassant le lion.

265 — Nécessaire en galuchat vert.

266 — Grande armoirie de la duchesse de Berry en bronze ciselé et doré.

267 — Vingt-six armoiries et écussons anciens en bronze, fer et cuivre ciselés.

268 — Revolver en fer et acier, incrusté d'or, crosse en ivoire.

269 — Petit arbuste en bronze.

270 — Vingt-quatre empreintes en terre cuite : Bustes et sujets divers.

271 — Médaille en bronze : Louis XVI, Marie-Antoinette et Mme Elisabeth.

272 — Pixyde en cuivre gravé aux chiffres du Christ, XVIIe siècle.

273 — Plaque en cuivre doré et repoussé : La Vierge et l'Enfant, XVIIe siècle.

274 — Plaquette en bronze : Le Christ en croix.

275 — Plaquette en bronze : La Résurrection, encadrement à portique avec figures d'amours de chaque côté.

276 — Plaquette en ivoire sculpté : Saint en prière.

277 — Plaquette en bronze doré : la Résurrection, XVIIIe siècle.

278 — Plaquette en bronze représentant un évêque. Epoque Louis XV.

279 — Deux médaillons en argent et en terre cuite, représentant Franklin.

280 — Six médailles et plaquettes rondes en bronze à personnages religieux et historiques, XVIIe et XVIIIe siècle.

281 — Deux petits plats ronds en étain à médaillons représentant des scènes de l'Ancien Testament.

282 — Petit plat rond en étain ciselé représentant le roi Ferdinand III à cheval.

283 — Plaque ronde en bronze représentant une reine dans un paysage, XVIIe siècle.

284 — Plaque ronde en bronze : Apollon jouant de la lyre au milieu d'animaux de toutes espèces.

285 — Grande plaquette en bronze doré : Les Rois Mages devant l'Enfant, XVIIe siècle.

286 — Plaque ronde en étain : Le retour du croisé, XVIIe siècle.

287 — Trois ornements de meubles en bronze ciselé et doré : L'Hymen et trident entre deux cygnes. Ier Empire.

288 — Deux attributs de chasseurs en argent à écussons chiffrés suspendus par des chaînes à des têtes de cerfs.

289 — Petite statuette de Christ en ivoire.

290 — Deux jumelles en cuivre, Ier Empire.

291 — Petit monument en buis très finement sculpté et ajouré surmonté d'une statuette de la République.

292 — Six lampes romaines en terre cuite et bronze.

293 — Deux petites appliques en bronze, trophées guerriers.

294 — Quatre médailles en argent à figures allégoriques aux arts et aux sciences, encadrées.

295 — Applique en bronze représentant un Saint.

296 — Applique en bronze ajouré : Le Christ en croix.

297 — Petite plaque en argent; Allégorie à la Justice. Encadrement orné de pierreries.

298 — Poignard, tabatière et deux entrées de serrure avec bonnets phrygiens.

299 — Eventail avec feuille peinte représentant un sujet allégorique. Epoque Louis XVI.

300 — Deux petits cadres garnis de bronzes. Ier Empire.

301 — Petit cadre en bois doré surmonté d'un aigle.

302 — Petit cadre en bois sculpté à cariatides de femmes ailées, mascarons et fleurs.

303 — Petit nécessaire de dame avec accessoires en or. Epoque du Ier Empire.

304 — Petit nécessaire de dame avec accessoires en nacre.

305 — Petit coffret à ouvrage en bois avec accessoires en or ciselé. Epoque Ier Empire.

306 — Plaque en bronze : Vierge et enfant. Travail Espagnol du XVIIe siècle.

307 — Plaquette en bronze : Le Christ entre les deux larrons.

308 — Suite de trente-cinq appliques et ornements en bronze, cuivre et fer de diverses époques.

309 — Schiboutch en ambre avec bague émailllée.

310 — Deux portefeuilles en broderie de soie ancienne.

311 — Neuf cartons de jeu de loto et un jeu de cartes anciens.

312 — Nécessaire en bois contenant des accessoires en ivoire garnis d'or.

313 — Petite statuette d'enfant en bronze tenant une corne d'abondance. XVIIIe siècle.

314 — Deux statuettes grotesques en bronze : Louis XVIII et Louis Philippe.

315 — Deux statuettes en bronze : généraux du Ier Empire.

316 — Bague d'évêque en bronze avec inscriptions « Sistov ».

317 — Deux très petits groupes en bronze la Vierge et l'Enfant, XVIe siècle.

318 — Onze coffrets en cristal taillé avec monture en bronze ciselé et doré, dont un garni de six petits flacons à odeur. Epoque Ier Empire.

319 — Peinture sur albâtre, évêque en prière-cadre en bois sculpté XVIIe siècle.

320 — Petit coffret formant calendrier en marque, terie de paille.

321 — Sept boutons anciens ornés de fixés.

322 — Deux petits pistolets anciens.

323 — Deux plaquettes en bronze et cuivre à sujets mythologiques.

324 — Deux sonnettes, une en bronze. XVIIIe siècle, l'autre en cuivre Ier Empire.

325 — Plaquette en bronze : Enlèvement des Sabines.

326 — Trois petites statuettes en bronze : Napoléon Ier, le roi de Rome et la République 1848.

327 — Croix en acier faceté de l'ordre du Lys.

328 — Sept petits médaillons et plaquettes en bronze et fer à personnages.

329 — Cinq plaquettes de boucle en cuivre gravé et repoussé, dont une garnie d'argent.

330 — Applique en bronze, tête de grenadier du Ier Empire.

331 — Cinq insignes maçonniques en bronze et cuivre.

332 — Deux têtes en terre cuite.

333 — Petit brûle-parfums en ancien bronze de Chine.

334 — Deux montres anciennes, une en argent, une en cuivre.

335 — Deux médaillons : Napoléon Ier et Charles X.

336 — Pomme de canne en cuivre : sujet de chasse. Epoque Louis XV.

337 — Deux décorations de conventionels, suspendues à leurs rubans de l'époque.

338 — Bonnet de 1830 en drap rouge à dessins noirs.

339 — Médaille en bronze représentant les portraits du peintre Vouet et de sa femme.

340 — Deux médaillons en bronze : Jean Medicis et Anna Ludovica.

341 — Deux médailles en bronze : Louis XVI avec reproduction en terre cuite.

342 — Quatre médailles, deux en argent et deux en bronze : Portraits de Charles X.

343 — Deux médailles en bronze : Portraits de Charles X.

344 — Deux médailles, l'une en argent et l'autre en bronze : Mariage de Louis XVI et Marie-Antoinette.

345 — Médaille en bronze : Portrait de Louis XV.

346 — Médaille en bronze : Premier synode national des églises réformées de France, le 29 mai 1859.

347 — Frise ajourée en fer ciselé à feuilles d'artichauts et de limaçons. XVIe siècle.

348 — Deux médailles en bronze : Le roi Louis-Philippe.

349 — Médaille en bronze, frappée à l'occasion du berceau offert au prince impérial, 1856.

350 — Médaillon en bronze représentant le pape Clément IX.

351 — Médaille en bronze : Le duc de Berry cerclée d'argent.

352 — Médaille en fer ciselé : Le Cardinal de Richelieu.

353 — Onze médailles en bronze, cuivre et plomb Personnages historiques et attributs divers.

354 — Deux médailles en bronze brun et doré représentant Louis XV.

355 — Cinq verres de Bohème anciens.

356-357 — Deux nécessaires en bois avec accessoires en nacre. Premier Empire.

358 — Verre en cristal taillé et gravé, dessin représentant deux amours près d'un autel, dans un écrin en cuir. Premier Empire.

359 — Verre à anse en cristal gravé. Premier Empire.

360 — Grand verre sur pied en cristal, armoiries dorées, dans un écrin en cuir.

361 — Plateau ovale avec bordure en tôle peinte à sujets d'après BOILLY.

362 — Croix de la Légion d'honneur en fer ciselé Premier Empire.

363 à 370 — Intéressante collection de cachets anciens représentant des armoiries, des écussons et des trophées du XVIIIe siècle et de la Révolution.

371 — Trois sceaux anciens en bronze.

372 à 377 — Trente-cinq cachets, sceaux et breloques du XVIIIe siècle et de la Révolution.

378 — Deux cachets forme étuis en fer, XVIIIe siècle.

379 — Etui en cuivre contenant vingt-huit petits cachets différents. Premier Empire.

380-381 — Onze bois à graver, XVIIe siècle.

382 à 385 — Dix verres en cristal taillé ornés de médaillons. Premier Empire.

386 — Poudrière en métal argenté, dessin gravé, couvercle ajouré. Louis XIV.

387 — Rafraichissoir en métal argenté. Epoque Louis XIV.

ÉMAUX

388 — Deux grandes plaques en émail de Limoges; Intérieurs de forêts.

389 — Plaque en ancien émail de Limoges : Nymphe enlevée par un Satyre.

390 — Plaque en émail de Limoges représentant une sainte en prière.

391 — Plaque en ancien émail de Limoges : Sainte en prière.

392 — Plaque en ancien émail de Limoges, décor en grisaille représentant la Sainte Vierge.

393 — Deux plaques en émail de Limoges, représentant La Vierge et Sainte Madeleine, signées LAUDIN.

PORCELAINES

394 — Deux petits flacons formés par des statuettes en porcelaine d'Allemagne.

395 — Deux vases en porcelaine de Chine à personnages dans des paysages.

396 — Pot à crème en ancienne porcelaine d'Orléans à médaillons de fleurs.

397 à 399 — Quatre tasses, saucière et moutardier en terre de pipe à médaillons.

400 — Sucrier en porcelaine de Sèvres, fond lie de vin et or. Ier Empire.

401 — Deux tasses en porcelaine de Sèvres, fond rose et or. Ier Empire.

402 — Quatre figurines en ancienne porcelaine blanche pâte tendre : Allégories aux Sciences.

403 — Deux petits bustes en biscuit : Charles X et Lamartine.

404 — Service en ancienne porcelaine de Locré à bouquets de fleurs, composé de quatre tasses avec leurs soucoupes, un sucrier, une théière et un pot à crême. Dans son écrin en bois.

405 — Trois tasses avec leurs soucoupes en ancienne porcelaine de l'Inde, décor à bouquets de fleurs.

406 — Tasse et soucoupe en porcelaine de Saxe, décor à armoiries.

407 — Salière en ancienne porcelaine de Saxe, décor à armoiries.

408-409 — Sucrier et deux tasses avec leurs soucoupes en ancienne porcelaine de Locré, décor à bouquets de fleurs.

410 — Bonbonnière en porcelaine ornée d'émaux translucides.

411 — Deux salières en ancien émail de Saxe, décor à fleurs.

412 — Bonbonnière trilobée en porcelaine de Saxe, décor à petits personnages dans des paysages.

413 — Tête à tête en porcelaine du Ier Empire à petits médaillons de fleurs sur fond rouge étoilé d'or, composé d'un plateau, d'une cafetière, d'un pot à crême et de deux tasses avec leurs soucoupes.

414 — Service à café et à thé en porcelaine du Ier Empire, à dessin doré sur fond noir.

415 — Service à café en porcelaine du Ier Empire à décor d'or et de grisailles, offrant des petits enfants dans des paysages ; composé d'une cafetière, d'un sucrier, d'un pot à crême, d'un bol et de huit tasses.

416 — Deux statuettes de femmes accroupies en porcelaine de Chine.

LIVRES — ALMANACHS

417-419 — *Le Théâtre italien de Gherardi.* Paris, Pierre Witte, 1717; 6 vol. in-12; portrait d'Evariste Gherardi, par Edelinck; nombr. gravures dans le texte; musique gravée.

Le Nouveau théâtre italien. Paris, Briasson, 1729-36; 9 vol. in-12, musique gravée.

Les Parodies du nouveau théâtre italien. Paris, Briasson, 1731-38; 4 vol. in-12; frontispice par Mathey, musique notée.

En tout 19 volumes in-12, pl. veau Lavallière, tr. dorées, filets sur plats, dent. intér., dos orné **aux armes du duc d'Aumont.**

Ce bel exemplaire, relié par Pasdeloup, est celui de de Bure aîné, qui a collationné ces 19 volumes et les a reconnus complets, les 6 et 7 oct. 1825, ainsi qu'il appert d'une note écrite de sa main sur les gardes de chaque premier volume.

Magnifique exemplaire, intact.

420 — **Dorvigny.** *Janot ou les Battus paient l'amende* (com. parade 1); nouvelle édition;

Toulouse, Broulhiet, 1789; pl. mar. olive, tr. dor., fil. dent., dos orné.

Exemplaire auquel on a ajouté les 12 gravures en couleur non signées et qui sont l'histoire de Janot, rôle créé par Volange. Il est fort difficile de trouver réunies ensemble ces estampes, qui sont disputées, lorsqu'elles passent en vente à Paris.

Bon état du texte et des gravures. Gravures collées sur papier fort.

Rare ainsi complet.

421 — **G. Durval.** *Les Travaux d'Ulysse* (tr. com. 5). Paris, Pierre Ménard, et au-dessus de l'école, 1631, in-8° de 190 p. pour épître, argument et privilège, pl. maroq. marron, dent., filet triple et encadr. sur plats, tr. dor., dos orné. — Bel état.

Ex-libris de Saint-Geniès.

422 — **Guarini.** *Il pastor fido* (tr. com. past. 5). In Venetia presso Fr° de Franc. Seneze, 1597, in-16 de 132 ff. ch. et l'argument.

Charmante édition italienne de la fin du XVIe siècle, avec le titre encadré et cinq vignettes sur bois, pl. mar. bleu, tr. dor., dent., filets sur plats.

423 — **Aignan**. *La Mort de Louis XVI* (tr. 3). A Paris, chez les march. de nouveautés, 1793, 1 vol, in-12, demi-mar. grenat, tit. dor.

Avec le beau portrait-médaillon de Louis XVI qui manque presque toujours. Belles marges. Rare.

424 — **Aignan ou Berthevin**. *LeMartyre de Marie-Antoinette* (dr. 5 en vers). Paris, chez les march. de nouveautés, 1793; avec le portr.-médaillon de Marie-Antoinette, et en bas, ceux des enfants de Louis XVI. (M. ... fecit) 1/2 mar, grenat, tr. dor.

Edition ornée (très rare).

425 — *Les Amours de Louis XIV et de Mlle du Tron*, com. satyr. en 28 dialogues. Rotterdam, s. n., n. d.; plein mar. rouge à longs grains, dos orné, non rogné, toutes marges (rel. de Simier).

Rare en pareil état.

426 — *Recueil général des opera* (*sic*) représentez par l'Académie royale de musique, depuis son établissement. Paris, chez Christ. Ballard, 1703 à 1745.

16 vol. in-12 dans une jolie **reliure de Thouvenin**, en veau Laval., fil. à froid sur plats, dos orné, tr. marb.

Très bel exemplaire intact, d'une collection difficile à trouver complète.

427 — *Le Théâtre des Antiquités de Paris* où est traité de la fondation des Eglises et Chapelles de la Cité, Université, Ville et diocèse de Paris, comme aussi de l'institution du Parlement, fondation de l'Université et Collèges et autres choses remarquables.

Divisé en 4 livres.

Par le R. P. F. Jacques du Breul Pausier, religieux de Sainct Germain des Prez.

A Paris, chez Pierre Chevalier, au Mont-Saint Hilaire, à la Cour d'Albret 1612. In-4, reliure maroquin rouge avec privilège du Roy aux armes.

428 — **Demoustier.** *Les consolations et opuscules* en vers et en prose, à Paris, chez Ant. Aug. Renouard, XII, 1804, de l'imprimerie de Crapelet.

1 vol. in-12, maroquin rouge, encadrements dorés. Figures du siècle de Louis XIV ajoutées.

429 — **Cazotte** *Olivier, poème*. A Paris, de l'impri-primerie de Pierre Didot, l'ainé.

2 vol. in-12, an VI, 1798, veau orné rel. de Petit, successeur de Simier.

430 — **Velly**. *Histoire de France, depuis l'établissement de la monarchie jusqu'à Louis XIV*, par M. l'abé (sic) Velly, continuée par Villaret Garnier, à Paris, chez Saillant et Nyon et Desaint.

14 vol. in-4, reliure veau, les 10 premiers aux armes de France, 1770-1781, avec l'Histoire de France avant Clovis, par Lameau, 1789.

431 — **Herculanum**. Prodomo delle antrenita d'Ercolano .. di Monsignor Ottavio Antonio Bayardi ... in Napoli 1752 nella Regale Stampena Palatina.

2 vol. in-4, reliure veau aux armes royales

432 — **Lesage**. *Histoire de Gil Blas de Santillane*, édition ornée de figures en taille douce gravées par les meilleurs artistes.

A Paris, imprimerie de Chaigneau ainé, 4 vol. in-12, l'an IX.

Portrait gravé par Lingée et 28 figures par Mounet. Exemplaire en grand papier vélin, double état des figures avant la lettre et *Eaux-fortes* pures.

Ces dernières d'une insigne rareté, étaient, d'après Demay (Catalogue 8 août 1896) *restées inconnues à tous les iconographes.*

433 — **Milton**. *Le Paradis perdu*. Edition en anglais et en français, orné de 12 estampes imprimées en couleur, d'après les tableaux de M. Schall. A Paris, chez Desen de Maisonneuve.

2 vol. grand in-4, maroquin rouge, ornements dorés figures coloriées.

434 — *Almanachs* de diverses époques.

435 — Petit almanach pour 1814 et Gotha de 1775.

436 — Deux volumes avec reliures aux armes de de Toulouse et de Montauban.

437 — *Les Amours d'Aristandre et de Cléonice*, par d'Audiguier.

438 — Almanach du 1766, reliure en cuivre gravé.

439-441 — Suite de douze livres de prières, avec reliures en cuir gravé et doré au petit fer.

442-443 — Quatre almanachs des années 1769, 1790, 1791 et 1803, reliures en cuir.

444 — Petit manuscrit, reliure en cuir gravé et doré aux armes de cardinal.

445 — Feuille de missel avec lettres enluminées.

CUIRS

446 — Coffret rectangulaire en cuir brun gravé à petits ornements. Serrure en fer. XVIIe siècle.

447 — Grand coffret rectangulaire en cuir gravé, encadrements et médaillons aux dauphins. Serrure en cuivre. XVIIe siècle.

448 — Deux reliures de livre et écrin en cuir rouge, vert et brun.

449 — Petit coffret en bois couvert de cuir et bardé de fer. Epoque XVIIe siècle.

450 — Ecrin de gobelet en cuir couvercle gravé à fleurs de lys.

451 — Coffret et reliure en cuir gravé décor armoiries.

452 — Sablier monture en maroquin noir gravé et doré aux armes du Languedoc.

SCULPTURES

453 — Statuette en terre cuite : Femme au lion, signée Falguière.

454 — Cire rouge représentant un chien, signée Jules Gélibert et datée 1856.

455 — Tête d'enfant en cire. XVIIe siècle.

456 — Bas-relief en albâtre : St-Gérôme, cadre de bois sculpté et peint à fleurs. XVIIIe siècle.

457 — Deux anges en bois sculpté et peint. XVIIIe siècle.

458 — Statuette en marbre représentant une Sainte debout. Travail du XVIIe siècle.

459 — Groupe en bois sculpté : La Vierge et l'Enfant. XVIIe siècle.

460 — Statuette d'enfant couché sur un crâne en marbre : Allégorie de la Vie et la Mort. Travail espagnol du XVIIIe siècle.

461 — Cadre en bois finement sculpté et doré, écoinçons à coquilles et branchages ajourés. Epoque Louis XV.

462 — Petit buste de Voltaire en marbre.

463 — Petit buste de Saint en bois sculpté, parties dorées. XIIIe siècle.

464 — Statuette en terre cuite : Nymphe debout et drapée, porte la signature « Ajou ».

465 — Cadre Louis XVI en bois sculpté et doré à nœuds de rubans.

BRONZES

466 — Pendule en bronze ciselé et doré, représentant une femme assise dans un fauteuil et lisant, socle en marbre vert de mer. Ier Empire.

467 — Pendule en marbre blanc et marbre noir garnie de bronzes ciselés et dorés, modèle à vases de fleurs et têtes d'aigles. Fin Louis XVI.

468 — Pendule en marbre blanc et bronze ciselé et doré, cadran surmonté d'une statuette de femme tenant des cymbales. Fin Louis XVI.

469 — Deux candélabres à deux lumières en bronze patine brune et bronze doré formés par des statuettes de femmes debout. Epoque Ier Empire.

470 — Petite pendule forme vase surmonté d'un amour en bronze doré et bronze vert. Ier Empire.

471 — Pendule en bronze vert et bronze doré à statuette de Napoléon Ier, socle orné d'aigles. Epoque Ier Empire.

472 — Vase en bronze doré, sur socle. Ier Empire.

473 — Ecritoire en bronze vert avec tiroir sur le devant. Ier Empire.

474 — Cheval en bronze doré, sur socle en bronze.

475 — Bas relief en bronze : Nymphe et enfant sur chèvre. cadre en bois sculpté. XVIIIe siècle.

476 — Aigle en bronze, provenant des Tuileries.

477 — Paire de flambeaux, en bronze ciselé et boré. Ier Empire.

478 — Trois flambeaux Louis XIII en cuivre.

479 — Deux flambeaux d'église en cuivre jaune. XVIIe siècle.

480 — Paire de flambeaux en bronze forme vases sur gaînes. Epoque Louis XVI.

481 — Buste en bronze : Le Roi de Rome.

482 — Buste en bronze : Frédéric-le-Grand, socle en marbre.

483 — Porte-montre en bronze 1830.

484 — Deux appliques en bronze ciselé et doré à cols de cygnes. Ier Empire.

485 — Ecritoire en bronze avec thermomètre représentant les tours de Notre-Dame. Ier Empire.

486 — Groupe en bronze : Manon et Des Grieux, socle en marbre. XVIIIe siècle.

487 — Groupe en bronze : Les Enfants musiciens, d'après Clodion, sur socle en marbre vert de mer.

488 — Ecritoire en bronze sur socle en marbre jaune de Sienne. Ier Empire.

489 — Porte-montre en bronze formé par une statuette de femme tenant une draperie. Ier Empire.

490 — Ecritoire en bronze formé par une statuette : Le Soldat d'Iéna. Ier Empire.

491 — Statuette en bronze : Napoléon Ier, socle en marbre.

492 — Deux chenêts forme boules en cuivre. Epoque Louis XIII.

493 — Deux chenêts en cuivre jaune formés de deux dauphins enlacés. Epoque Louis XIII.

494 — Deux chenêts en bronze doré et gravé forme pylones. Epoque Louis XIV.

495 — Galerie de foyer en cuivre ajouré. Ier Empire.

496 — Galerie de foyer en bronze doré sur fond vert. Ier Empire.

TABLEAUX

497 — ECOLE ITALIENNE. Buste de la Vierge entourée d'amours. Cuivre.

498 — ECOLE ITALIENNE. Sainte Famille. Cadre bois sculpté.

499 — ECOLE ITALIENNE. L'Education de l'Enfant Jésus. Deux pendants sur cuivre.

500 — ECOLE FRANÇAISE. Evêque entre deux amours. Cadre bois sculpté et doré.

501 — ECOLE ITALIENNE. Portrait d'homme à perruque et manteau rouge. Petit tableau rond.

502 — ECOLE ITALIENNE. Portrait d'homme à perruque et manteau rouge. Très petit tableau ovale.

503 — ECOLE ITALIENNE. Portrait d'homme à perruque. Petite peinture ovale sur cuivre.

504 — ECOLE ITALIENNE. Moines en prières. Peinture sur cuivre.

505 — ECOLE FRANÇAISE. L'Abbé entreprenant.

506 — MONNOYER (Ecole de). Vases fleuris. Deux pendants.

507 — GÉLIBERT. Ane à l'attache.

508 — DEDREUX. Cavalier Louis XV. Signé à gauche en haut.

509 — ECOLE ITALIENNE. Eglise et vue de village. Deux petites aquarelles.

510-511 — ECOLE ITALIENNE. Scènes de la vie de la Vierge. Douze petites peintures sur cuivre dans trois cadres.

512 — ECOLE ITALIENNE. Sainte Madeleine.

513 — ECOLE FRANÇAISE. Pêcheurs au bord de la mer et la tempête. Deux pendants.

514 — ECOLE ITALIENNE. Saint en extase.

515 — VERNET (Joseph). Pêcheurs et barques au bord de la mer. Deux pendants.

516 — ECOLE ITALIENNE. Saints en prières. Quatre pendants.

517 — ECOLE FRANÇAISE. Saint Bruno au milieu d'une couronne de fleurs. Trompe-l'œil. Cadre en bois sculpté et doré.

518 — ECOLE ITALIENNE. Saint Jérôme. Panneau.

519 — ECOLE ITALIENNE. La Nativité. Petite peinture sur cuivre.

520-521 — REMBRANDT (Ecole de). Portraits de vieillards. Six petites peintures sur carton.

522 — ECOLE ESPAGNOLE. La Vierge allaitant l'Enfant. Représentés au milieu d'un tabernacle. Peinture sur cuivre.

523-525 — ECOLE DU XVe SIÈCLE. Scènes de la vie de la Vierge. Cinq panneaux rehaussés de dorure.

MEUBLES

526 — Meuble de salon en bois sculpté peint blanc et filets dorés, couvert en tapisserie au petit point, à corbeilles et guirlandes fleuries. Il se compose de deux petits canapés, de grands fauteuils avec dossiers à médaillons et deux autres fauteuils plus petits. Epoque Louis XVI.

527 — Meuble de salon en bois sculpté et doré à contours et roses composé d'un canapé et six fauteuils couvert en tapisserie au petit point dessin à parterre et vases de fleurs multicolores sur fond blanc. Epoque Louis XVI.

528 — Meuble de salon en bois sculpté et doré à rubans enroulés, couvert en soierie rayée et brochée à petites guirlandes de fleurs sur fond crème, époque Louis XVI. Il se compose d'un canapé, de deux fauteuils et deux chaises, dossiers à médaillons.

529-530 — Quatre fauteuils en bois sculpté peint blanc rehaussé d'or couvert en tapisserie au petit point à dessins de festons et guirlandes de fleurs, trophées et médaillons encadrés de roses sur fond blanc. Epoque Louis XVI.

531 — Grande table rectangulaire en bois sculpté et doré, bandeaux à médaillons et nœuds de rubans au milieu d'arabesques feuillagées, pieds enguirlandés, dessus en marbre vert de mer. Style Louis XVI.

532 — Table bouillotte en acajou, galerie et filets de cuivre, dessus en marbre blanc. Epoque Louis XVI.

533 — Deux grandes bergères en bois sculpté à contours fleuris, couvertes en tapisserie dessin aux pavots et grands feuillages. Epoque Louis XV.

534 — Deux fauteuils en bois sculpté couverts en tapisserie, dessin à parterre de fleurs et pavots. Epoque Louis XIII.

535 — Grand fauteuil en bois sculpté à contours, couvert en tapisserie au point et au petit point

à personnages au milieu d'ornements feuillagés et fleuris. Epoque Louis XIII.

536-537 — Quatre petits fauteuils, dossiers à médaillons en noyer sculpté, couverts en tapisserie à fruits et feuillages sur fond vert. Epoque Louis XIII.

538 — Petite commode Louis XV genre vernis Martin.

539-540 — Deux paravents Louis XV à trois feuilles en toile peinte : paysage et les fables de Lafontaine en camaïeu bleu.

541-542 — Cinq fauteuils en bois sculpté et peint blanc à contours feuillagés, couverts en tapisserie au point et au petit point, à personnages, fruits et fleurs. Epoque Louis XV.

543 — Deux fauteuils grand modèle en bois de noyer sculpté à fronton, couverts en tapisserie à guirlandes de fleurs sur fond blanc. Epoque Louis XVI.

544 — Deux fauteuils en bois sculpté et peint blanc couverts en tapisserie au point et au petit point à médaillons encadrés de guirlandes de fleurs.

545 — Lit de repos en bois sculpté peint blanc rehaussé d'or, côtés cintrés, avec bandaux à cannelures, dessus couvert en tapisserie au petit point à guirlandes de fleurs sur fond blanc. Epoque du Directoire.

546-547 — Six fauteuils analogues dossiers à médaillons tapisseries à décor variés.

548 — Fauteuil de bureau tournant en noyer sculpté à motifs ornementés. Epoque du XVIIIe siècle.

249 — Coffret formant bureau plaqué d'écaille.

TAPISSERIES, BRODERIES

550 — Deux chaperons en broderie d'or et de soie, dessin à écussons aux chiffres du Christ, encadrés de fleurs et de fruits.

551-552 — Quatre fauteuils sièges et dossiers en ancienne tapisserie au point et au petit point, dessin à petits personnages chinois d'après Leprince sur fond rouge cerise.

553 — Deux grands fauteuils, dossiers, sièges et manchettes en ancienne tapisserie au point et au petit point à médaillons, bouquets et branchages fleuris et nœuds de rubans sur fond blanc. Epoque Louis XVI.

554 — Deux grands fauteuils en ancienne tapisserie au point et au petit point, les dossiers représentant des compositions à nombreux personnages et les sièges, des volatiles au milieu d'ornements feuillagés et fleuris. Epoque Louis XIII.

555 — Feuille d'écran en tapisserie au point et au petit point offrant au centre un médaillon décoré de volatiles sur fond bleu entouré d'un encadrement fleuri sur fond brun. Epoque Louis XIII.

556 — Fragment de devant d'autel en tapisserie au point et au petit point à grands enroulements feuillagés et fleuris en polychrome sur fond blanc argent. Epoque Louis XIV.

557 — Objets omis.

www.ingramcontent.com/pod-product-compliance
Ingram Content Group UK Ltd.
Pitfield, Milton Keynes, MK11 3LW, UK
UKHW031939260826
14628UKWH00004B/1742